AF467001

LA FRANCE SAUVÉE

OU

PLUS DE GUERRES CIVILES

PAR

LADISLAS FRANCŒUR

Prix : 50 centimes.

PARIS
CHEZ BOULLAND, ÉDITEUR
4, passage du Caire.

1848.

LA

FRANCE SAUVÉE

OU

PLUS DE GUERRES CIVILES

PAR

LADISLAS FRANCŒUR

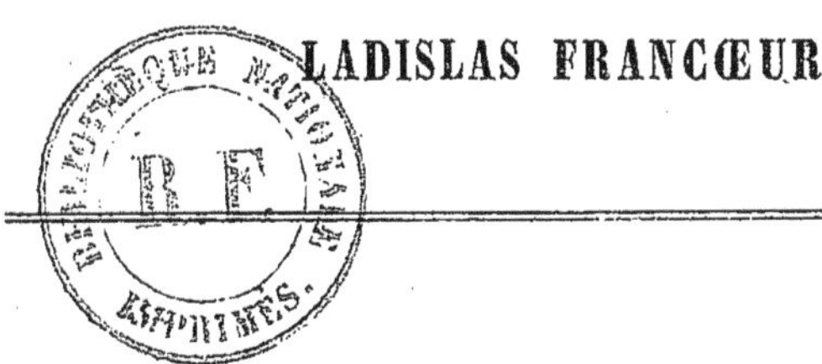

PRÉFACE.

Il y a des convictions tellement vives, intimes et profondes, qu'on les prendrait pour des inspirations d'en haut. Ces convictions ne peuvent tromper.

Le sentiment indicible qui en découle donne le courage de tout braver : préjugés, tortures morales et physiques, même la mort.

Enfin, ce sont ces convictions, qui, dans certains cas et jusqu'au jour du succès, exposent à passer pour visionnaire ou monomane celui qui veut les faire partager au public, ou seulement qui essaye d'en expliquer l'objet.

Eh bien ! le projet que je présente, dans le but de délivrer la France de la crise qui la dévore et des périls qui la menacent, est le résultat d'une de ces convictions.

Il faut bien en convenir, jamais dessein ne fut plus élevé, plus vaste, plus gigantesque.... ni plus utile!

Et néanmoins, j'espère échapper à l'espèce d'épée de Damoclès que l'opinion suspend sur la tête de ceux qui ont le malheur ou le bonheur d'être sous l'empire d'une de ces convictions, qui portent à tout oser comme à tout braver; car, quelque IMPOSSIBLE d'exécution que paraisse la pensée qui m'anime et que je développe dans cet opuscule, cette apparente impossibilité s'affaiblit à l'examen, et finit par s'évanouir; plus on la sonde, plus elle cède à l'esprit d'observation, de réflexion et de logique.

Il y a mieux, c'est que ma pensée, ou du moins le le principe où je la puise, repose au fond de tous les cœurs et de toutes les consciences.

Et en effet, qui donc ne s'est pas dit mille fois, depuis l'origine de la crise : ET POURTANT, SI TOUT LE MONDE S'Y PRÊTAIT!

Aussi, et empruntant des forces à cette particularité providentielle, me suis-je attaché notamment à faire que tout le monde S'Y PRÊTE, que tout le monde agisse, que tout le monde s'empresse!

Conséquemment, si, comme je n'en doute pas, mes efforts sont couronnés de succès, je n'aurai d'autre mérite que d'avoir prouvé que IMPOSSIBLE et DIFFICILE ne sont pas synonymes; ou plutôt que, souvent, une chose qui n'est que plus ou moins *difficile* devient *impossible*, par cela même, par cela seul qu'on la croit impossible.

En d'autres termes, j'aurai prouvé une fois de plus, que, surtout en France, il n'y a de vraiment impossible que ce qui rentre dans les attributs de la Divinité.

Encore un mot :

Pour me faire comprendre même des intelligences les plus rebelles, et stimuler les volontés les plus faibles, je me place à peu près dans la situation d'un homme qui dirait :

« Le feu est aux quatre coins de Paris, et l'on s'é-
« puise en recherches et en pourparlers ! D'où vient
« qu'on perd un temps si précieux ? ce qu'il faut pour
« éteindre l'incendie, personne ne l'ignore, c'est de
« l'EAU. Pourquoi attendre ? La Seine ne coule-t-elle
« plus ? Qu'on prenne alors un liquide quelconque !...
« Mais, grâce au ciel, la Seine coule encore !

« Donc, un concert unanime de *bons vouloirs*,
« chacun selon ses forces, et tout est sauvé. »

Un dernier mot :

Je demande indulgence pour quelques termes qui auraient pu m'échapper.

Je prie aussi le lecteur de ne pas se borner à parcourir cet opuscule ; car il pourrait tomber sur quelque passage qui, pris isolément, ne rendrait peut-être pas exactement mon idée.

Enfin, après avoir lu ce petit ouvrage avec quelque

attention, et surtout *sans prévention,* ceux qui veulent, sincèrement et QUAND MÊME, le repos, la gloire et la prospérité de la France, jugeront si je ne suis qu'un pauvre et triste rêveur bien intentionné, ou un bon et paisible citoyen bien inspiré.

LA

FRANCE SAUVÉE

OU

PLUS DE GUERRES CIVILES

PAR

LADISLAS FRANCŒUR

Le travail est à la société ce que le mouvement est à l'univers.

(LE PHILOSOPHE DE FERNEY.)

Les malheurs d'argent sont les plus faciles à réparer.

(MONTESQUIEU.)

Qui veut la fin veut les moyens.

(VÉRITÉ UNIVERSELLE.)

On ferait beaucoup plus de choses, si l'on en croyait moins d'impossibles.

(DE MALSHERBES.)

Plus fait douceur que violence.

(LA FONTAINE.)

Vendez le jardin de votre père pour en acheter un seul cœur; brûlez les meubles de votre maison, si vous manquez de bois pour préparer le repas de votre ami.

(SENTENCE PERSANE.)

Celui qui estime plus l'or que la vertu perdra l'or et la vertu.

(CONFUCIUS.)

Les calamités qui depuis cinq mois pèsent sur la France, et notamment sur Paris, viennent de diverses causes, qui se résument toutes en un seul mot. Ce mot, chacun déjà le prononce, le voici : *Argent.*

Dussé-je, à l'instant même, être conduit aux Petites-Maisons, je déclare ne pas comprendre que dans le pays le plus riche du monde entier, de tels malheurs aient pu naître, se maintenir et s'aggraver.

S'il s'agissait d'un de ces fléaux que tout l'or du Potose ne saurait ni prévenir ni guérir, de la peste, par exemple, je dirais en m'inclinant : Frères ! hélas ! résignons-nous, et prions !

Mais que voyons-nous ? un manque de travail presque absolu, d'où naît une misère profonde et universelle, qui, à son tour, engendre des troubles ou des craintes de troubles, dont la conséquence est le retrait de la confiance et du crédit.

Évidemment donc, ces diverses causes agissant les unes sur les autres, détruisez la première, et vous obtenez tout. — En effet, donnez du travail, et pour cela il ne faut que de l'argent; donnez du travail, la misère cesse, l'ordre renaît ou se consolide, le commerce se ranime, et la confiance reparaît.

Nos malheurs, si grands qu'ils soient, ne sont donc, au résumé, que de simples malheurs d'argent, c'est-à-dire LES PLUS FACILES A RÉPARER.

Pourquoi donc, alors, durent-ils encore, ces malheurs? ces malheurs qui nous ont attiré le vandalisme des guerres civiles! nos trésors sont-ils épuisés? notre numéraire, le plus considérable de l'Europe, a-t-il entièrement disparu? Si le numéraire de la France a disparu, oh! alors, n'hésitons pas, et remplaçons-le par n'importe quoi.

Eh! que fait à la presque totalité de la population que le signe représentatif soit de métal ou d'autre chose? Tout, en cela, n'est que convention.

En effet, l'ouvrier, le fabricant, le commerçant, le commis, le magistrat, le cultivateur, le propriétaire, l'artiste, le littérateur, le militaire, le rentier, tout le monde, enfin, reçoit d'une main pour dépenser ou employer de l'autre. Le papier-monnaie ne blesse donc personne, excepté peut-être l'homme qui thésaurise. Combien y a-t-il de ces thésauriseurs en France? — Faut-il pour l'intérêt bien ou mal entendu de quelques-uns, si même intérêt il y a, laisser 35 millions d'hommes, les uns mourir de faim, les autres se ruiner de fond en comble, tous s'accuser mutuellement de torts mal définis, et s'entr'égorger?

Non, non, et coûte que coûte, plus de guerres civiles en France, tel doit être le mot d'ordre de tous les honnêtes gens ; or, jusqu'à ce que le numéraire ait reparu, si le seul moyen d'éviter ces luttes sauvages, où le frère tue le frère, est de créer une monnaie fictive, créons, créons cette monnaie sans plus attendre, sauf à l'annihiler au fur et à mesure que l'argent reparaîtra, et je soutiens qu'à l'aide de cette énergique résolution, il ne tardera pas à reparaître.

Mais pardon, lecteur, les événements de juin, pour moi, ne datent que d'hier; ce souvenir affreux trouble encore ma raison et m'éloigne de mon sujet... Il ne s'agit pas de papier-monnaie..... nous n'en avons pas besoin. J'ai seulement voulu dire que nous devions, **A TOUT PRIX**, conjurer la plaie hideuse et dévorante des guerres civiles ; j'ai voulu dire, enfin, qu'on doit considérer le pays comme un vaisseau en pleine mer par un gros temps, et que tous sans exception, matelots ou passagers, notre intérêt le plus cher, comme notre devoir le plus impérieux, est de tout sacrifier, pour éviter les désordres, les malentendus, et les secousses, qui, infailliblement, nous conduiraient au naufrage.

Mais, encore une fois, nous n'avons pas besoin de papier-monnaie. Et en effet, au point de vue financier, la France n'a-t-elle pas traversé des crises plus difficiles encore que celle qui nous afflige? Les deux invasions ne nous ont-elles pas coûté deux milliards? L'indemnité aux émigrés, un milliard? Et la France ne s'est-elle pas relevée bientôt de ces énormes charges? Comment ne se relèverait-elle pas aussi vite d'un sacrifice, quel qu'il soit, alors surtout que, dans les circonstances actuelles l'argent serait dépensé en France, resterait en France. Ajoutons que trente années de paix se sont écoulées depuis la double restauration, et que nos ressources sont nécessairement plus grandes aujourd'hui qu'à cette époque.

Mais enfin, dira-t-on, dans les circonstances présentes, où et comment trouver une somme si considérable?

Là est la question tout entière.

Voici ce que je propose :

« Un impôt facultatif, ou, plutôt, une grande souscription « sur un plan nouveau, et que j'appellerai souscription fra- « ternelle ou patriotique (le nom n'y fait rien).

« A cette souscription générale, grandiose, et qui se ferait « par les soins du pouvoir, participerait, d'un bout à l'autre « de la France, tout citoyen qui possède plus ou moins, et « même si peu qu'il possède, soit par son crédit, par son « talent, etc, etc. Par souscription sur un *plan nouveau*, j'en- « tends une souscription où chacun remettrait le plus pos- « sible immédiatement en espèces, et, en outre, s'engagerait « formellement à payer, DANS LE COURS DE L'ANNÉE, par dou- « zième ou par quart, une somme qui serait appropriée « à sa fortune ou à sa situation.

« La Banque de France serait invitée à escompter, par une « émission nouvelle de ses billets, les engagements des trois « premiers mois ; puis les engagements du quatrième mois, « quand elle serait rentrée dans ceux du premier, et ainsi « de suite.

« Le gouvernement se porterait caution envers la Banque, « et, au besoin, donnerait hypothèque sur les biens de l'État.

« Expliquons-nous.

« Si dès le lendemain de la révolution de Février on eût « ouvert une souscription générale, dans toute la France, « pour rendre au travail et au commerce leur activité ordi- « naire et naturelle, ou, disons mieux, pour empêcher, dans « l'intérêt de tous, que le rouage social ne s'arrêtât, les of- « frandes eussent pu se faire en argent. Ajoutons aussi que la « somme nécessaire, au 25 février, était infiniment moindre « qu'aujourd'hui : il ne fallait, alors, qu'étayer l'édifice.

« Mais, pour n'avoir pas été pris dans son germe (et la « division des esprits, alors, ne le permettait peut-être pas), « pour n'avoir pas été pris dans son germe, le mal a fait des « progrès qu'aucune expression ne peut rendre ; et, en traver-

« sant le fleuve de larmes et de sang des fatales journées de « juin, il est parvenu au degré incommensurable où nous le « voyons; c'est-à-dire que des classes ouvrières qu'il écrase « sans pitié, il s'est étendu jusqu'aux sommités, en appuyant « avec fureur sur la classe moyenne, qu'il accable et qu'il « compromet.

« Or, aujourd'hui, malgré les meilleures dispositions, peu « de personnes pourraient faire de grands sacrifices en « argent comptant.

« Et néanmoins, attendu que le mal, qui est extraordinaire, « excentrique, ne peut être radicalement guéri que par des « procédés excentriques, extraordinaires, car il ne s'agit « plus de palliatifs;

« Attendu aussi que, malgré leur excellent vouloir bien « connu, ni le Gouvernement ni la Chambre ne peuvent, par « les voies parlementaires, arriver sûrement et promptement, « surtout promptement, au but qui d'heure en heure s'élève « et s'éloigne comme pour se perdre dans l'espace;

« Une vaste souscription générale est l'unique planche de « salut.

« Mais, par les motifs que j'ai déduits, et pour qu'elle pro- « duise la somme indispensable, cette souscription, aujour- « d'hui, n'est praticable que par engagements à payer dans « le cours d'une année.

« Maintenant, par une application tout à la fois sage et « libérale, et sur laquelle je me réserve de dire un mot ulté- « rieurement, par une application, dis-je, sage et libérale du « produit de cette souscription colossale, on fera rejaillir avec « impétuosité les sources fécondes du travail; on ressus- « citera le prestige magique de la confiance, qui donne les « capitaux, et du crédit qui les décuple; on ranimera le luxe, « les arts; bref, on rendra comme par enchantement, comme « par miracle, la vie et le mouvement au commerce, à l'in- « dustrie et au corps social tout entier.

« Or, l'état normal étant revenu dans toute sa plénitude,

« l'ouvrier, le fabricant, l'artiste, hommes, femmes, enfants, « tous reprennent joyeusement leurs travaux ; le propriétaire « touche ses loyers ; le marchand vend et fait des commandes ; « le banquier encaisse et reprend ses escomptes ; le commis « remercié rentre dans sa place ; celui à qui on a suspendu « les émoluments les recouvre ; le maître de pension voit re- « venir ses élèves ; le directeur de spectacle, son public, etc., « etc. La France, enfin, redevient la France, Paris reprend « sa physionomie, et chacun peut, sans peine, remplir l'en- « gagement sacré qu'il a volontairement pris dans la grande « souscription fraternelle et patriotique.

« La France est donc sauvée, et le citoyen paisible, qui « abhorre le sang, peut donc s'écrier enfin : PLUS DE GUERRES « CIVILES ! !

« Disons en passant que, en offrant *un*, le souscripteur « retrouve de 5 à 10. Ce ne sera donc pas donner, ce sera « *semer*.

« Enfin, chacun, en améliorant sa propre position, aura le « plaisir d'avoir fait une bonne action, plaisir infiniment « plus doux que bien des personnes ne se l'imaginent. »

Encore un mot, car ce qui abonde ne vicie point, et il importe que l'on saisisse bien mon idée.

« Supposons un propriétaire qui depuis février n'a pas « touché ses loyers ; pour peu que cela se prolonge, c'est à « peu près comme s'il n'avait pas de propriété.

« Or, en s'associant franchement, largement, à la grande « souscription fraternelle, ses loyers se payent, et sa propriété « reprend toute sa valeur.

« Supposons aussi un banquier dont les écus sont oisifs, « et qui, en outre, a dans son portefeuille cent mille francs « de valeurs en souffrance, perte probable, si la crise conti- « nue ; eh bien, j'estime que ce banquier, si fort intéressé à la

« reprise des affaires, offrira 15 à 20,000 fr. à la souscrip-« tion ; s'il rentre, par suite, dans ses 100,000 fr., il aura « gagné 80 à 85,000 fr.;

« Et. . . . . Et ce banquier aura fait une bonne action; « et il aura fait acte de dévouement et de patriotisme ; en un « mot, il aura contribué à sauver la France !

« Ces exemples, pris au hasard, peuvent se multiplier à « l'infini, et s'appliquer à toutes les positions sociales. »

Je ne crois nullement utile de prévoir le cas où quelques personnes, si peu riches ou aisées qu'elles soient, refuseraient de participer à cette souscription, qui, disons-le bien haut, N'A RIEN DE POLITIQUE. Il s'agit du commerce, de la société, de la France. — Mais, peut-être, malheureusement, s'en trouve-t-il dont le zèle a besoin d'être un peu excité quant à la quotité de l'offrande, car chacun doit offrir beaucoup suivant sa position.

Je rappellerai donc à ces personnes et la question de patriotisme et la question d'humanité ; il ne se peut que l'on consente à laisser plus longtemps le commerce et l'industrie dans ce marasme désolant, qui conduirait le pays à sa ruine, et finirait par faire déchoir la France du rang qui lui appartient en Europe. Il ne se peut encore que l'on veuille laisser, un seul jour de plus, dans une incroyable détresse tant d'honnêtes ouvriers, tant de pères de famille ! Songez que l'hiver approche. *Vous entendez*, L'HIVER APPROCHE ! Et l'homme, la femme, l'enfant, le vieillard qui vous disait : *J'ai faim !* vous dira bientôt : J'AI FAIM ET FROID ! !

Si, par impossible, et par malheur, les mots patrie et humanité ne trouvaient point d'écho chez quelques-unes de ces personnes, je leur rappellerais, alors, la question de PRUDENCE.

Les précautions que, dans sa sagesse et dans sa sollicitude, l'autorité croit devoir prendre encore ; l'état de siége indéfini ; les innombrables troupes amoncelées autour de la capitale, lesquelles troupes, d'un moment à l'autre, peuvent être utiles ailleurs ; le désarmement d'une partie de la garde nationale à Paris et en province ; les arrestations nombreuses et quotidiennes ; les dénonciations de citoyen à citoyen, actes si fort opposés à la dignité du caractère national ; les bruits sinistres, vrais ou faux ou exagérés qui circulent ; les propositions de moyens de défense ou de sûreté intérieure qui surgissent de toutes parts, et jusqu'à un projet de *contre-barricades* ou *barricades-ambulantes*, à l'usage de la garde nationale, etc., etc. (1) ; tout semble annoncer que, très-malheureusement, tout danger ou toute crainte de danger matériel n'a pas entièrement disparu, soit pour le présent, soit pour l'avenir.

Verrons-nous donc encore des batailles dans les rues, mon Dieu !!.... Eh quoi ! ce que vous pouvez prévenir avec un peu d'argent, par un léger bienfait, vous aimez mieux le réprimer par des flots de sang humain !......... Mais, ensuite, vous aimez donc mieux exposer votre vie, votre propre vie, dans ces honteuses et abominables guerres intestines, que d'entr'ouvrir un coin de votre bourse !... Quoi ! vous faites si peu de cas de l'existence, vous à qui rien ne manque ?... ou, plutôt, vous estimez donc à un bien haut prix l'argent ?... Bref et en définitive, vous placez donc, dans votre estime, une chétive somme d'argent, une parcelle impalpa-

(1) Relativement à ces contre-barricades, ou barricades-roulantes, voir le journal le *Siècle* du 17 juillet 1848.

Voir aussi le *Siècle* du 24 juillet, pour un autre projet relatif aux barricades et aux attroupements.

Voir également le *Journal des Débats* du juillet, dont un article a été reproduit par le *Moniteur de l'Armée* du 20 juillet ; cet article se termine ainsi : « Cette énumération de moyens de défense retiendra peut-être les ambitieux forcenés QUI PRÉCIPITENT LE PEUPLE AU COMBAT, etc..... Puis : La France, du « reste, se maintiendra toujours vigilante, toujours prête à REPRENDRE SES ARMES « pour la cause de l'ordre et des lois. »

ble de votre fortune, beaucoup au-dessus de votre propre vie!!!...... Êtes-vous donc étranger à toute religion et à tout lien de famille?...... Ah! croyez-moi, croyez-moi, l'arme du riche contre le pauvre, ce n'est ni le sabre, ni le fusil, ni le canon...... mais c'est *la bienfaisance*. La bienfaisance, cette arme évangélique, est toute-puissante, elle est irrésistible; et le riche qui s'en sert des deux mains est toujours le plus fort...... Sa victoire, alors, ne fait ni veuves, ni orphelins; et si elle fait répandre des larmes, cette aimable victoire, ce sont des larmes de joie et de reconnaissance!

Peut-être dira-t-on : Mais puisque cette souscription doit être colossale dans son ensemble, pourquoi ne pas la présenter sous forme d'emprunt? c'est-à-dire pourquoi ne serait-ce pas un *prêt* plutôt qu'un *don?*

— J'ai pour cela des motifs que je vais expliquer le plus brièvement possible. On appréciera; car, à mes yeux, le moment des sacrifices est venu.

Depuis soixante ans, voilà bien des révolutions et des guerres civiles en France. Dans l'intérêt de l'humanité, de la religion et de la civilisation, il est bien temps d'éteindre, enfin, et à tout jamais, le volcan qui vomit ces commotions terribles.

Politiquement, nous sommes arrivés au terme du possible : la République et le suffrage universel. Je ne suis pas fort en politique, mais je crois qu'au delà de ce que nous avons, et tel que nous l'avons, ce doit être un superflu embarrassant et nuisible. Dans tous les cas, c'est pour nous l'inconnu.

Mais, sous le rapport social, c'est-à-dire sous le rapport du bien-être moral et matériel, je le dis avec franchise, il reste beaucoup à faire. Cette opinion est partagée par le plus grand nombre. C'est encore cette opinion qui a poussé des hommes d'un grand mérite aux plus étranges exagérations, et qui a donné lieu à une foule de systèmes et de théories que je n'ai pas besoin de qualifier.

Pourquoi la plupart de ces théories et de ces systèmes ont-ils été trouvés superbes, et adoptés avec chaleur par les masses presque unanimement? Par la raison toute simple que le peuple souffre depuis longtemps, et que, de même qu'un malade que nul médecin ne peut guérir se jette volontiers dans les bras d'un empirique, le peuple a accepté, sans contrôle, tout ce qu'on lui a présenté comme devant le rendre plus heureux.

Qui ne concevra cette naïve crédulité du peuple? Qui de nous n'en aurait fait autant, si, comme lui, nos souffrances, datant de loin, étaient devenues insupportables? Sachons bien que pour être équitable et juste, il faut se mettre au lieu et place de celui dont on juge les actes.

Ce n'est donc pas au peuple qu'il faut s'en prendre de toutes ces exigences, de toutes ces témérités, de toutes ces extravagances, qui ont nui si essentiellement à la confiance et au commerce; mais, en réalité, il faut s'en prendre à ceux qui, depuis longues années, pouvaient améliorer son sort et ne l'ont pas fait; de même qu'à ceux qui, avec de bonnes intentions sans doute, lui ont présenté des remèdes qui, au lieu de le guérir, l'auraient tué.

Je n'ai pas vu la révolution de 89, je ne la connais que par l'histoire; mais j'ai vu de très-près, sans m'en être mêlé, car j'ai déjà dit que je ne m'occupais pas de politique, j'ai vu, dis-je, de très-près la révolution de juillet 1830; j'en ai suivi toutes les phases, les diverses émeutes, etc.; et, enfin, j'ai été témoin de la révolution de février 1848.

(Je jette un voile sur les lugubres événements de juin qui ont failli me rendre fou, et je n'en veux point parler.)

Or, en observateur attentif, dégagé de toutes préoccupations de partis, et bien placé pour tout voir en haut et en bas, j'ai remarqué qu'après chaque bouleversement politique, le peuple paraît sentir plus profondément encore le vide cruel de sa situation précaire, et il est plus indisposé, plus irrité contre ce qu'il appelle la Bourgeoisie ou le Riche. — C'est que les révolutions, en effet, outre qu'elles aggravent momentanément la misère du peuple, font toujours naître, chez celui qui souffre, des espérances légitimes, mais qui, au point de vue politique, ne peuvent se réaliser qu'avec le temps. Le suffrage universel lui-même, ce véritable apogée des droits civils, ne produira tous ses fruits que dans quelques années.

Mais on n'a pas fait assez attention à cette fâcheuse vérité, que le peuple, comme tous ceux qui languissent, ne peut ou ne sait attendre.

C'est pour cela, sans doute, que rien ne lui vient à point.

Ajoutons, qu'après Février surtout, les espérances du peuple semblaient mieux fondées encore que jamais. Ajoutons aussi que, pour rendre plus sensibles, plus intelligibles à l'auditoire en blouse divers systèmes nouveaux dont nous avons parlé, quelques chefs d'école ont probablement un peu grossi les torts, ou prétendus torts, de ceux qui possèdent envers ceux qui ne possèdent pas. — Si bien que les insinuations des innovateurs, jointes aux effets ordinaires et naturels des révolutions sur l'esprit du peuple (l'espérance), ont réveillé plus fortement en lui, à la révolution de 1848, de fâcheuses préventions, ce que, enfin, depuis mon enfance, j'entends appeler la guerre sourde du pauvre contre le riche et du riche contre le pauvre, guerre si vieille, dit-on, qu'elle remonte presque à la création.

De cette longue série de remarques, à laquelle j'aurais pu ajouter beaucoup, ne ressort-il pas des enseignements dont il importe de profiter sans retard?

Je m'attacherai particulièrement à ce qui est relatif à l'espèce de mésintelligence qui règne sourdement entre le pauvre et le riche, parce que c'est là ce qui a été le plus négligé depuis soixante ans, par tous ceux qui se sont occupés d'améliorations sociales.

Eh bien ! qui pourrait dire que cette mésintelligence n'a pas été au moins pour autant que la misère dans toutes nos tourmentes politiques?

Qui pourrait affirmer que cette mésintelligence n'a pas été aussi pour beaucoup dans l'empressement avec lequel les masses ont adopté, sans examen, les systèmes et théories que vous savez, et qu'il n'en sera pas de même pour les nouveautés qui pourront se découvrir demain?

De déduction en déduction, qui voudrait soutenir que ce n'est pas à cette mésintelligence qu'est due l'abusive interprétation du mot ÉGALITÉ, interprétation *nuisible au peuple lui-même avant tout*, et qui veut que le niveau s'appesantisse aveuglément sur tous les hommes, sur toutes les conditions, ce qui ferait, de la plus admirable chose du monde, une sorte de lit de Procuste?

Arrêtons-nous là, et reconnaissons que pour nous garder soigneusement de ces agitations fébriles qui font sortir de toutes choses des étincelles, et qui de chaque étincelle peuvent faire un incendie; que pour éviter, enfin, que le peuple, mal conseillé, ne demande follement encore à la violence ce que depuis soixante ans la violence ne lui a pas donné, mais que la douceur lui prodiguera; reconnaissons, dis-je, qu'il faut rallier les esprits et les cœurs.

Ce n'est donc pas seulement la misère qu'il faut déraciner, c'est aussi la prévention, la rancune qu'il faut extirper.

En un mot, c'est cette guerre sourde dont j'ai parlé, du pauvre contre le riche et du riche contre le pauvre, qu'il faut finir. C'est ce vieux ferment d'irritation et d'inimitié, c'est ce vieux levain de troubles et de discordes qu'il faut anéantir. — Enfin, outre le *mieux-être* indispensable, il faut la réconciliation du pauvre avec le riche, mais réconciliation vraie, franche, complète.

La grande souscription fraternelle, à titre de *don*, et non à titre de *prêt*, accomplira cet heureux prodige ; car cette souscription, comme don pur et simple, est la clef précieuse du *Temple de l'Union.*

Effectivement, comme prêt, selon le peuple, vous ne faites que votre devoir : richesse oblige. — Comme don, vous êtes généreux : c'est une bonne action.

Comme prêt, vous n'éteignez que la cause première du mal : le dénûment. — Comme don, vous détruisez aussi la cause accessoire, plus dangereuse peut-être : la rancune.

Comme prêt, vous mettez à même de résister à l'entraînement au mal : c'est beaucoup. — Comme don, vous inculquez le désir de faire le bien : c'est plus encore.

Comme prêt, le pauvre n'est plus votre ennemi ; — comme don, il devient votre ami.

Comme prêt, vous faites retourner le lion dans sa demeure. — Comme don, vous l'y enchaînez par le lien le plus fort : LA RECONNAISSANCE.

Et en effet, le peuple, trop loin du riche pour en être bien connu, le peuple a les sentiments nobles, et la mémoire du cœur. Or, désormais plus heureux par la munificence et le désintéressement visibles de toutes les classes riches ou aisées, le peuple enfin verra dans chaque *bourgeois*, un protecteur, un ami, un frère.

Encore un mot :

Pour que rien ne manque à cette réconciliation si désirable et pour qu'elle soit indissoluble, il faut tâcher de ne pas froisser certaines susceptibilités ; car, ne vous y trompez pas, le peuple est fier autant que brave et honnête ; je demande donc la permission de traduire ici ma pensée par cette innocente et bizarre image : il y aurait alliance, *mariage* entre la classe riche et la classe pauvre, et le produit de la grande souscription fraternelle serait *le cadeau de noces.*

Une considération d'un ordre élevé, et que je recommande surtout à la méditation des esprits supérieurs, c'est que la paix réelle, sincère et loyale, qu'amènerait cette souscription, comme je l'entends, permettrait à la Chambre et au Gouvernement de pardonner à tous les malheureux dont on a exploité la misère pour les faire sortir du devoir.

Ainsi pourrait s'accomplir, *sans le moindre inconvénient* pour la sécurité publique, le vœu éminemment chrétien du saint prélat martyr, que nous admirons et que nous pleurons.

En effet, ces belles paroles qui semblent sorties de la bouche même du Christ : QUE MON SANG SOIT LE DERNIER VERSÉ, veulent dire non-seulement : *Plus de guerres civiles en France;* mais elles signifient encore, et très-clairement : *Grâce, Grâce, pour tous!*

Quel spectacle touchant, sublime et majestueux, la France donnerait au monde émerveillé! un grand peuple noble et généreux, vaillant et chevaleresque, 35 millions d'hommes, tous frères, vraiment frères! et au milieu de cette immense famille, la bienfaisance, fille du ciel, donnant la main à son auguste sœur, *la clémence!.......*

Ah! jamais, non jamais notre chère et belle patrie n'aurait été à un tel point glorieuse, puissante et heureuse!

Comme on voit, cette souscription a une bien haute portée. — Toutefois, indépendamment de tous les avantages que j'ai signalés, on y trouve encore :

1° Inutilité du papier-monnaie, qui, sans cette grande mesure, serait peut-être inévitable pour en finir avec les nécessités suprêmes de la situation, nécessités qui, sous peu de jours, seront bien plus impérieuses encore; car VOICI L'HIVER! VOICI L'HIVER!! **VOICI L'HIVER!!!**

2° Impuissance radicale pour tous les agents de troubles,

les entreprencurs d'émeutes, les fauteurs d'insurrections et de guerres civiles; en un mot, pour les ambitieux de haut et de bas étage, les brouillons politiques et socialistes, etc., etc; car il n'y a plus de pauvres en France; et le prolétaire, qui fait cause commune avec le riche, n'est plus à la merci de qui veut abuser de son indigence; bref, la société française, retrempée par la vertu électrique de la bienfaisance, devient invulnérable.

3° Retour de tous nos concitoyens qui ont quitté Paris, et même la France depuis le 24 février.

4° Arrivée immédiate de tous les étrangers de distinction, pour lesquels la France est la patrie adoptive, et Paris le domicile de prédilection quand Paris est lui-même, c'est-à-dire la ville des merveillles et le centre du goût, des sciences, des arts, du luxe et des plaisirs.

5° Economie de temps et repos pour la garde nationale, qui n'aura plus à faire que le doux et paisible service d'usage.

6° Solution naturelle et amiable de toutes les questions relatives *au travail, aux salaires, à la concurrence, à l'association*, etc. etc.; par le motif que le peuple, rendu au calme et à la raison par la plus grande somme de bonheur possible, écoutera la voix de ses vrais amis, et que d'ailleurs il POURRA ATTENDRE ce que le temps et les institutions doivent lui donner un jour.

7° Economie pour l'Etat et conséquemment pour la société, en ce sens que les hospices et les hôpitaux seront beaucoup moins peuplés, puisque l'ouvrier, dans une situation plus favorable, sera moins sujet aux maladies qui proviennent des inquiétudes incessantes d'une vie précaire, du dénûment, des privations, etc.

Evidemment, on verra aussi beaucoup moins d'enfants abandonnés.

8° Autre économie sur les prisons, les bagnes, etc., attendu que les crimes et délits de tous genres, disparaîtront en même temps que l'oisiveté, la misère, le découragement et le désespoir.

Prévenez le crime, vous n'aurez pas à le punir.

9° Faire rouvrir soudain cette multitude de boutiques, dont la fermeture, si préjudiciable aux propriétaires, ajoute à la tristesse de cette tranquillité factice, froide et stérile, qui ne tarderait pas à faire de Paris une bourgade.

10° La morale et les mœurs y gagneront également beaucoup; car l'intéressante jeune fille du peuple, que le défaut d'ouvrage ou l'insuffisance de salaire poussait à sa perte, ne sera plus entraînée pour un morceau de pain, ou fascinée par un *colifichet*, qu'un travail constant et mieux rétribué lui donnera.

11° Avantage considérable pour le trésor public et pour le trésor municipal, par le rendement complet des impôts et des droits de toutes espèces, qu'amènera le mouvement général et naturel de toutes les affaires, à Paris et dans les départements.

Cette circonstance permettra de retirer quelques droits nouveaux, tels que sur le fer, le cuivre, etc., droits qui, tout minimes qu'ils sont, peuvent gêner certaines fabrications des faubourgs de Paris, et conséquemment nuire à la classe laborieuse.

12° Sauver peut-être du naufrage, de la ruine et de ce qu'on est convenu d'appeler le déshonneur (1), tout ou partie de cette foule innombrable de fabricants et de commerçants de toutes classes, que la pénurie générale a mis dans la dure nécessité de suspendre leurs payements. On porte le nombre de ces fabricants et commerçants à 7 ou 8,000 (*je dis huit mille*).

13° Paix réelle et inébranlable avec le monde entier, attendu que la France unie, vraiment unie de cœur, est non-seulement invincible, mais littéralement inattaquable. Ensuite, délivrée des conflits et des déchirements intérieurs, la France aurait sa complète liberté d'action dans toutes les questions étrangères.

14° La religion, cette colonne des sociétés, y gagnera notablement. Je ne puis m'étendre sur ce sujet; il me suffira de dire que, communément, les souffrances physiques et morales brisent l'âme, altèrent la raison, faussent le jugement; et que l'homme qui est arrivé au dernier degré de détresse, est facile à ébranler dans ses principes religieux comme dans ses idées politiques. Pour peu qu'il soit d'un caractère faible et qu'il ait faim et froid, il écoute, en mangeant et en se chauffant, les sophismes de l'athée ou de l'utopiste qui lui apporte du pain et un fagot.

(1) Dans un ouvrage presque terminé, que je compte publier prochainement sur les faillites, je présenterai des observations sur ce préjugé qui veut qu'un négociant *soit déshonoré* pour un fait *où sa volonté n'est pour rien.*

A part les considérations de justice et d'équité, j'espère prouver que le commerce et le crédit souffrent de ce préjugé. Je démontrerai qu'il faut un peu plus d'indulgence pour le failli honnête et malheureux, MAIS BEAUCOUP PLUS DE SÉVÉRITÉ POUR LE FRIPON, *sur qui doit exclusivement frapper le déshonneur.* Je signalerai plusieurs vices de la loi, et bon nombre d'abus relatifs aux errements suivis jusqu'à ce jour dans les opérations de faillites, etc., etc.

15°-Dans l'intérêt de la renommée des mœurs de la nation française, bien connues dans tout l'univers, et de temps immémorial, pour la *douceur et l'aménité, l'élévation et la noblesse, la générosité et la magnanimité*, — l'amnistie devenue possible, ainsi que je l'ai démontré, ferait contre-poids dans l'histoire, aux trop malheureux événements de juin.

16° Ériger, sur les fonds de la souscription, une vaste et somptueuse église, sous l'invocation du glorieux prélat martyr, que Rome doit canoniser.

La majesté resplendissante du nouveau temple, chef-d'œuvre de tous les arts ; l'action qu'il rappellerait, action la plus sublime des temps modernes ; la *présence du Saint lui-même*, dans une châsse magnifique, etc., tout, en ce lieu imposant et sacré, ferait comme descendre des cieux dans l'âme du fidèle recueilli, ou du visiteur étonné, l'esprit de sacrifice et de charité, d'abnégation et de conciliation, de patriotisme, de désintéressement et de fraternité, vertus beaucoup trop rares, et qu'il importe de propager.

Favoris de la fortune, puissants de ce monde, et vous qui, sans être opulents, êtes au-dessus du besoin, vos richesses ou votre aisance sont dues, soit à la naissance, soit au talent, soit au travail, etc. Eh bien, dans l'une ou l'autre de ces hypothèses, un certain concours de circonstances, le hasard, la chance, le bonheur, ce que moi j'appelle la Providence, n'a-t-il pas été pour tout, ou pour beaucoup dans votre situation privilégiée?

Qui de vous oserait le nier?

N'est-t-il pas juste et rationnel, dès lors, que vous aidiez en tout temps, et chacun dans la mesure de vos moyens, vos frères nécessiteux?

Mais, en ce moment difficile et suprême, il ne suffit pas de soulager la misère affreuse qui tue l'honnête ouvrier, il il faut aussi venir en aide à la gêne cruelle qui blesse à mort l'honnête commerçant.

C'est donc le cas de vous ressouvenir que Dieu ne vous a favorisés qu'afin de se servir de vous comme intermédiaires de ses bienfaits entre lui et ceux qui souffrent. Remplissez donc religieusement votre mission ; y manquer, c'est être infidèle, c'est être ingrat, et la Providence pourrait vous en punir ; car, ce qu'elle donne sans qu'on sache pourquoi, elle peut le retirer sans qu'on sache comment. Craignez les revers. Il y a des revers de plus d'un genre ; et vous supporteriez d'autant plus difficilement les vôtres, que vous auriez le sentiment de les avoir mérités, par votre égoïsme et la sécheresse de votre cœur, c'est-à-dire par votre ingratitude envers la Providence.

Et toi, Peuple, toi que j'aime, parce que, quand tu es toi-même, tu es bon, franc, généreux, magnanime ; toi, dont j'ai toujours servi et défendu la cause, parce que toujours j'ai eu des sympathies pour celui qui souffre,

Écoute-moi, j'ai des reproches à te faire.

D'où vient qu'avec ce tact, cet instinct, cette intelligence admirables, qui te distinguent si éminemment, tu ne sais pas toujours discerner les bons des mauvais conseils ?

Pour aujourd'hui, je ne t'entretiendrai, à la hâte, que de ce qui touche le travail.

Contente-toi du petit programme que voici ; il te suffit quant à présent, crois-en ma vieille expérience :

1° *Point de chômage ;*

2° *Salaire raisonnable*, réglé consciencieusement, selon les capacités, avec un *minimum*, fixé paternellement, selon les localités.

Ainsi, *minimum* de *tant* pour Paris; *minimum* de *tant* pour Rouen; de *tant* pour Lyon, etc. etc. (1) et applicable à tous, hommes, femmes, enfants, quelles que soient les capacités, et quelles que soient les professions,

Le temps et les institutions feront le reste; car l'accroissement général des salaires n'est possible qu'après un accord avec les autres puissances manufacturières de l'Europe.

Un dernier mot.

Méfie-toi, ami, de la séduisante amorce des *associations* entre les maîtres et les ouvriers, et des ouvriers entre eux.

Cette question n'est pas mûre, je l'ai beaucoup étudiée, et j'ai été saisi des embarras qu'elle me semble recéler.

L'association, enfin, applicable tout au plus à certains corps d'état, est pour les autres, et même à peu près pour tous, une source intarissable de difficultés, dont tu serais la première victime.

Prends patience, ami, tes malheurs vont finir; on s'occupe de toi, on se presse; et si, jusqu'au triomphe des communs efforts, tu entends crier : *Aux armes!* songe bien, ami, que ce ne peut être que pour te joindre à nos braves soldats, et voler à la frontière.

Et vous, dignes ministres du Dieu de bonté, de paix et de miséricorde; vous qui savez faire admirer et chérir notre sainte religion par ceux-là même qui n'ont pas le bonheur

(1) Il y a des villes manufacturières, *dont les marchandises ne s'exportent pas*, et où l'ouvrier, père de famille, gagne 12 *sous* par jour (je dis douze sous) à un travail extrêmement pénible.

A qui profite ce triste état de choses : au fabricant? non : au marchand? non; car chacun, ayant obtenu le produit à meilleur marché, le vend meilleur marché.

Pourquoi donc, alors, ne pas s'entendre pour donner à l'ouvrier une journée qui puisse le faire vivre?

de la pratiquer; vous qui, dans ces jours de deuil et de carnage, avez donné de si touchantes preuves de conciliation chrétienne, et qui, habitués à pardonner, n'avez voulu voir dans l'un et l'autre camp que des frères à secourir!...

J'implore votre assistance, généreux pasteurs! car la tâche que j'entreprends est lourde, et ma faiblesse est extrême; mais je dois compter sur votre pieux concours, puisqu'il s'agit d'une bonne œuvre!

Effacer pour jamais les misères du peuple; donner abondamment du travail aux uns et des secours aux autres; venir efficacement en aide au commerce, à l'industrie et à l'agriculture; les sortir d'une cruelle et périlleuse léthargie; ramener l'union et la concorde; éloigner les tempêtes et leurs causes; en un mot, régénérer notre chère et belle France, qui, rendue à une vie nouvelle, sera, désormais et à toujours, pure de sang français et vierge d'excès populaires : tel est mon projet, tel est mon espoir, en proposant la grande souscription fraternelle et patriotique.

Montez en chaire, dignes apôtres des autels, et, du haut de cette tribune sacrée, faites une immense propagande de charité.

Que, des extrémités du territoire, les fidèles accourus à vos angéliques accents, oublient toutes dissensions politiques et abjurent tout intérêt personnel, pour ne songer qu'à l'intérêt général.

Qu'ils apprennent de votre bouche que le plus sûr moyen de sauver la société, c'est la bienfaisance; de même que le plus sûr chemin du ciel, c'est encore la bienfaisance.

Demandez qu'on se hâte, vénérables pasteurs, qu'on se hâte! car *l'hiver*, L'HIVER approche à pas de géant; et dans quelques jours, hélas! les tortures du froid viendront se joindre au supplice de la faim!

Dans ces circonstances pressantes et solennelles, inspirez-vous non-seulement de vous-mêmes, vénérables pasteurs, mais inspirez-vous aussi du saint pontife que l'univers honore et pleure, de cet héroïque martyr, qui, du haut de la gloire éternelle, bénira ceux qui auront eu pitié des souffrances du peuple.

La patrie reconnaissante espère en vous, généreux pasteurs; car elle sait que, puisant votre éloquence dans vos grandes et belles âmes, vous serez tous des Bossuet, des Massillon, des Bourdaloue, des saint Vincent de Paul!

Représentants de la France, Président du conseil et Ministres, permettez que ma faible voix s'élève jusqu'à vous.

Daignez prendre sous votre protection tutélaire le projet d'impôt facultatif, ou souscription sur *un plan nouveau*, que je propose. Ce serait en faciliter le succès : un si haut et si puissant patronage lui porterait bonheur.

Ne vous arrêtez point au défaut de talent qui a présidé à la rédaction du travail ; ne voyez que l'intention et le but. — Dans un pareil sujet, qu'est-ce que le talent, auprès d'une conviction sincère, profonde et ardente !

La pensée qui m'anime, et que je développe sous le double point de vue de la PRUDENCE et de l'HUMANITÉ, pour éteindre toute cause et jusqu'à tout prétexte de désordre, n'est pas nouvelle pour moi ; déjà, je l'avais émise peu après la révolution de juillet 1830 ; une sorte d'inspiration me faisait prévoir alors de nouvelles commotions politiques et sociales. L'avis fut dédaigné, et pourtant je ne m'étais pas trompé.

Vous avez sorti la France d'un grand danger ; voilà pour le présent ; honneur à vous ! mais songeons à l'avenir. Achevez votre ouvrage et rendez-le perpétuel.

Pour les sociétés modernes, l'heure est venue où la force matérielle n'a qu'un empire éphémère, si elle n'est soutenue par la force morale, qui est la bienfaisance. La bienfaisance est le sceptre du monde civilisé.

Néanmoins, dans certaines circonstances tout exceptionnelles, ces forces réunies, pour triompher définitivement et à tout jamais, ont encore besoin d'un auxiliaire. Cet auxiliaire, c'est *la clémence*.

Puissent mes vœux, conformes de tout point aux vœux de l'illustre martyr de juin, se réaliser : plus de sang, plus de larmes, plus de misère, plus de discordes, PLUS DE GUERRES CIVILES EN FRANCE !

Je termine par ces paroles, qui, dès mon plus jeune âge, ont frappé pour toujours mon cœur et mon esprit :

« SI LE SOUVERAIN BONHEUR CONSISTE A POUVOIR FAIRE TOUT
« LE BIEN QU'ON VEUT, C'EST LE COMBLE DE LA GRANDEUR QUE
« DE VOULOIR FAIRE TOUT LE BIEN QU'ON PEUT. »

L. F.

Paris, 30 juillet 1348.

TOURNEZ, S. V. P.

APPENDICE.

J'ai cru devoir m'abstenir de tous détails sur l'emploi ou application du produit de l'impôt facultatif ou souscription fraternelle ; car le plus difficile n'est pas là, et quelques jours suffiront pour s'entendre à ce sujet.

Peut-être aussi jugera-t-on convenable de laisser aux souscripteurs, surtout à ceux qui offriront de grosses sommes, la satisfaction légitime d'émettre sur ce point leur avis en souscrivant. Puis, de l'ensemble de ces conseils de Paris et de province, conseils émanés des mêmes désirs et convergeant aux mêmes fins, la lumière sortira aussi vive et complète que possible.

La Providence fera le reste.

Mais il est une observation notable et délicate que je ne dois pas omettre ; elle prend sa source dans la confiance même que m'inspire la prudente et charitable mesure que je propose.

C'est qu'il importe de fixer un chiffre général, au-dessous duquel les souscripteurs auront le droit de retirer leur engagement, et même de demander la restitution des sommes versées en espèces, à moins de stipulation contraire.

Effectivement, ne perdons pas de vue que cette souscription porte l'empreinte d'un caractère particulier ; elle doit avoir, en grande partie du moins, l'effet qu'on en attend ; car, sans cela, l'homme généreux qui aurait souscrit ou fait son versement un des premiers, qui se serait mis à la gêne pour le faire, pourrait devenir victime de son dévouement et de son empressement.

De là résulterait des lenteurs pernicieuses, par la raison que beaucoup de personnes voudraient attendre et voir avant d'agir. C'est ainsi que peut-être le remède arriverait TROP TARD.

Au contraire, en convenant de la nullité facultative du versement ou de l'engagement, au cas où il ne pourrait avoir les conséquences probables qu'on en espère, il est tout naturel de compter sur la spontanéité, comme sur le désintéressement de tous ceux qui possèdent plus ou moins en France.

En effet, tel qui donnerait une espèce d'aumône pour une souscription ordinaire à verser immédiatement, laquelle souscription ordinaire peut se représenter le lendemain sous une autre forme, offrira cent fois plus, mille fois plus, alors qu'il a un an de terme, alors surtout qu'il s'agit d'un cas tout exceptionnel, d'un concours général, d'un élan, d'un effort suprême et universel, en un mot, alors qu'il s'agit d'une sorte de *coup d'Etat* qui a pour objet de sauver la société, de sauver la France.

Mais aussi, et bien entendu, il faut que chacun soit assuré que tout le monde mettra la main à l'œuvre, et que si le but national qu'on se propose ne peut visiblement être atteint, pour cause d'insuffisance des efforts réunis, l'engagement est nul, sauf à mûrement aviser ensuite sur ce qu'il conviendra de faire.

Or, dans ces conditions de prévoyance, qui sait jusqu'où peut aller, chez beaucoup de personnes riches ou opulentes, cet amour sacré de la patrie que les grandes circonstances font éclore ou exaspèrent, et qui, dans l'un et l'autre cas, rend capable des plus grandes choses?

C'est donc précisément la précaution dont je parle qui assure que le chiffre nécessaire sera non-seulement atteint, mais dépassé. Cette précaution tutélaire évitera, en outre, des pertes de temps qui seraient mortelles.

Que s'il se trouve par hasard quelques personnes qui,

pour un motif ou un autre, cherchent à jeter le doute et le découragement sur l'efficacité du remède que tout le monde admet, on leur répondra :

Fais ce que dois, advienne que pourra.

Ou bien :

Aide-toi, le ciel t'aidera.

Il va sans dire que les noms des souscripteurs ou donateurs seront soigneusement publiés, avec indication des sommes offertes. Cette honorable liste brillera aux plus belles pages de notre histoire. Et, si parmi les simples citoyens, nos aïeux ont eu leur EUSTACHE DE SAINT-PIERRE, leur JEAN-D'AIRE, leur JACQUES WISSANT, etc, —nous aurons aussi les nôtres. — Ceux-là ont offert leur tête pour sauver le pays, ceux-ci offriront leur fortune. — Chaque chose selon les temps et selon les nécessités !

Quant à la fixation du chiffre minimum, le Gouvernement et la Chambre me paraissent les meilleurs juges.

Je me permettrai seulement de faire observer que, dans mon opinion, ce chiffre doit être fort élevé.

L'économie, en cette critique occurrence, serait aussi regrettable que celle du laboureur qui voudrait ménager le grain lors des semailles, ou du pilote qui, dans le danger, ne ferait pas usage de tous ses moyens de salut.

Ajoutons que, bien que totalement employée en secours de toutes espèces, à Paris et en province, la somme ne sera pas toute sacrifiée ; car les fabricants et autres, qu'on aura aidés, réussiront pour la plupart, et rembourseront un jour ou l'autre. Ce devoir de conscience, ils le rempliront avec bonheur ; disons même qu'ils auront encore plus de plaisir à rendre qu'ils n'en auront eu à recevoir.

Ensuite, les comptoirs qu'on aura formés, les maisons qu'on aura bâties, etc. etc., seront des valeurs qu'on retrouvera.

Or, lorsque plus tard ces sommes entières ou fractionmées auront fait retour au trésor public, elles constitueront un fonds de réserve appartenant à la classe ouvrière. Le gouvernement, son tuteur naturel, lui en payera les intérêts; et cette ressource permanente servira en toute occasion à secourir les travailleurs.

Ainsi, non-seulement on aura sauvé le présent, mais on aura consolidé, amélioré l'avenir.

Enfin, si quelques esprits pessimistes prétendent que rien ne reviendra au trésor des sommes employées en secours, je répliquerai que ce ne serait pas de l'argent absolument perdu, puisqu'il serait resté en France; mais je soutiens que même dans ce cas improbable, il faudrait encore s'estimer heureux qu'à l'aide d'un sacrifice pécuniaire, essentiellement réparable, nous ayons obtenu la vraie tranquillité, celle qui vivifie et fertilise; c'est-à-dire, que nous ayons évité jusqu'à la moindre crainte que le sang ne coule dans les rues de Paris et de la province. N'eussions-nous obtenu que ce seul et pacifique résultat, il faudrait encore se hâter de remercier le ciel à mains jointes.

Et en effet, dans le recueillement de la réflexion, de la méditation, que l'on soit catholique, protestant ou israélite, qui ne sent au fond de son âme qu'il vaudrait cent fois mieux sacrifier même un budget tout entier, que de voir une seule goutte de sang français versé par des mains françaises, ce sang dût-il être celui du citoyen le plus obscur!

Une dernière observation.

Afin de rassurer les personnes timides ou mal informées, qui pourront craindre que les divergences d'opinions politiques ne nuisent à ce projet, ou à toute autre combinaison financière, je n'hésite point à dire que les nuances d'opinions les plus diverses ont toujours pour objet, chacune à son point de vue, le bonheur du peuple et la prospérité du pays. — Il résulte de là qu'aucun parti politique, et sous peine de suicide ou de réprobation éternelle, ne voudrait arriver par les horreurs de la famine, à un but qui pourrait être arrosé de larmes, souillé de sang et couvert de cadavres.

Bref, et si je puis ainsi parler, il en est des opinions comme des religions : il y a erreur quelque part, mais bonne foi et humanité partout.

Or, en présence des calamités qui nous accablent et des périls qui nous entourent, les hommes de tous les partis suivront très-certainement l'exemple que voici :

« Aristide et Thémistocle étaient ennemis politiques, et « toujours opposés dans les affaires de la République. Ayant « été choisis tous deux dans une occasion grave, pour une « ambassade importante, *l'intérêt général les réunit.* Lors- « qu'ils furent sortis des portes d'Athènes, Thémistocle dit à « Aristide :

« LAISSONS ICI NOTRE INIMITIÉ ; NOUS LA REPRENDRONS, SI VOUS VOULEZ, A NOTRE RETOUR. »

Je ne pourrais qu'affaiblir cette citation, en essayant de la commenter.

Je conclurai donc en disant une fois encore, ce qui sera répété universellement :

Eh ! oui sans doute ! soyons unis pour sauver la France ! Ayons tous unanimement cette volonté ferme, puissante et inébranlable de la mère qui veut sauver son fils, ou du fils qui veut sauver sa mère !

En un mot, sauvons à tout prix notre chère et belle France ; sauvons-la *d'abord*, et QUAND MÊME !

Puis, *nous reprendrons, après, nos inimitiés politiques, si nous voulons ;* de même que nous discuterons tout à loisir.

L. F.

Paris. — Typ. Lacrampe et Fertiaux, rue Damiette, 2.

www.ingramcontent.com/pod-product-compliance
Ingram Content Group UK Ltd.
Pitfield, Milton Keynes, MK11 3LW, UK
UKHW020425220726
13923UKWH00005B/2122

9 782019 258504